JN440764

시간의 그날

시간의 그날

초판 1쇄 발행 2023년 8월 14일

지은이 이원문

펴낸이 임병천
펴낸곳 책나무출판사
출판신고 2004년 4월 22일 (제318-00034)

주소 서울시 영등포구 신길3동 325-70 3F
전화 02-338-1228 **팩스** 0505-866-8254
홈페이지 www.booktree.info

ISBN 978-89-6339-719-1 03810

시간의 그날

이원문 시집

책나무출판사

목차

1부

2부

3부

4부

• 1부 •

산사(山寺)의 겨울

천 만년의 그 세월
누가 아는 세상인가

여름날 꽃 구름
흩어져 산 넘고

법당 뜰 쌓이는 눈
그 세월 덮는다

밤 낮의 풍경 소리
누가 듣는 소리인가

법당에 닫힌 문
바람이 흔들고

처마 끝 고드름
떨어져 부서진다

노을의 밤

어둠의 밤하늘
하루도 아니고
이틀도 아니다
열흘의 그 다음
그날도 아니다

날마다 그 노을
이름 없는 그날
그날이 하루고
이틀의 열흘도
꿈속의 하루다

짧다면 짧은 날
하루 이틀 열흘
그리고 그 다음
그 다음의 그날
그날도 하루다

노을에 잠드는
펼쳐진 그날들

옛날도 오늘도
모두는 그렇게
짧기만 했었다

고향의 마음

이 가슴에 새겨진
두 곳의 고향
섬 마을은 다녀 왔고
다른 한 곳 산골 마을
어떻게 변했을까
섬 마을은 그대로
변함이 없는데

눈물의 산골 마을
그대로 있을런지
있다면 그 옛 모습
재너머 보리밭
못 잊을 뒷동산
냇둑 넘어 뜸북새의 고향
그 들녘도 그대로일까

이번 설에 이리 저리
옛 이웃 뵈어야 할 고향
조상의 묘 둘러보며
어머니 한번 불러야 할 고향

가라앉는 마음 반 멋적임 반
어떻게 찾아가 무슨 말을 할까
쑥스러운 설레임에 아직 먼 설 다가 온다

저무는 겨울

누가 이 겨울을
춥다 덥다 하더니
그리 쉽게 무너지나
섣달에 비 오기를 내린 눈 다 녹고

날짜에 입춘이라 얼마 있어 우수인가
정월의 초하루 그 보름 지나면
기다린 봄 슬며시 추운 겨울 밀리겠지
그러면 날짜마다 봄의 향기 풍기고

신세 타령

오늘도 보는 하늘 구름 흐르는구나
보이는 산 더 멀리 멀어만지고
내 팔자야 이 운명아
너희들 너무 하는 것 아니니
그렇게 해도 되는거니
너무 하는 것 아냐

굽이 굽이 몇 굽이
길이 몇 갈래였더냐
넘고 넘어 돌아보면
그 길도 아니였고
돌아서 바라보면
또 다른 길이였지

운명아 어디가 끝이고 마지막이더냐
이제 저물어 하루가 저무는 것이 아니라
인생이 저물어 몸이 말을 안 듣는구나
곧고 곧은 그 신작로 언제 나온다더냐
나와도 그 신작로 딛을 수 있을런지
그 넓은 길이 언제 나온다더냐

먼 그날

겨울 언덕만큼이나 추웠던 언덕
봄맞이의 언덕도 그렇게 추웠다
소나무 아래로 보이는 산과 들
저 남은 겨울의 흔적 언제 지워질까
응달녘 바람 소리 조금 무뎌지는 듯

바람은 선달 그믐 그 바람이었다
소리는 마음의 봄바람이었고
정월 지나 보름이면 그 흔적 지워질까
다가올 보릿고개에 길고 길었던 보릿고개
그 성황당 봄바람 뼛속까지 파고 들었다

별 뜨는 언덕

때 되면 비추는 달
보름의 그 마음을
누가 헤아릴까

달 찾아 오른 언덕
며칠 환희 비추더니
그리움 가득 담아
서쪽으로 가버렸다

그날 담은 그리움
누가 어디에서
나와 함께 보았을까

홀로 찾은 뒷동산
비추던 달 아니 뜨고
어둠의 밤하늘
그 별들만 반짝였다

세월의 눈

응달 녘에 쌓인 눈
저 눈이 다 녹으면
정월 그믐 무렵인데
얼마나 쌓였기에
저리 줄어들지 않나

씨앗 봉지 내리면
조금 더 줄어들까
내리기는 아직 먼날
정월이라 초하루
그 다음 보름 되면

며칠 있어 이월일까
다가올 초서넛 날
씨앗의 꿈 깨어나고
고드름의 슬픈 눈물
한세월 접는다

섬마을

저 먼 육지 가물 가물
이곳은 안 그럴까
뱃길 따라 나갔던 곳
그 언제였던가

썰물에 소식 보내
밀물에 기다렸던 곳
날마다 바라보며
얼마를 기다렸나

옛날이 되어버린
파도만이 아는 섬
철 따라 꽃 피고
바람도 불었다

달팽이의 길

눈으로 보고
귀에 담았던 길
돌아보면 아무것도
여기가 어디인가

몇몇 기억에 매달려
되 돌아보는 길
그렇게라 하기 보다
어떻게 와야 했나

하루의 징검다리
덥기만 했을까
밤도 있고 낮도 있었다
비 오면 멈추다 다시 딛었던 길

어디에서 무엇 하다
여기에 와 있나
또 이곳은 어디이고
어디로 가야 하나

봄 그늘

떨어져　 은 낙엽
떠난 가을 흔적 없듯
녹는 눈의 이 겨울도
정월 보름에 밀린다

절기 찾아 들어선 봄
어디인가 꼭꼭 숨어
보름 넘기를 바라는데
어디에 숨었는지

냇둑 따라 내려가면
찾아 볼 수 있을까
물소리에 숨은 봄
징검다리 맴돌고

움 틔우는 나뭇가지
그 나뭇가지의 꿈일까
하루가 멀다 하고
가지의 움 커간다

버들의 양지

아직은 겨울
얼마 있어 봄이 될까
버드나무 퍼런히
하루가 다르고
섣달의 그믐 무렵
쌓인 눈 다 녹는다

두서너번의
눈으로 겨울이 갈까
한 두번의 끝으로
새싹이 돋을까
이 정월 보름이면
그 봄바람 부는데

씨받이

나르는 새들아
이 나무 위 앉지마라

네 깃털 분비물
내 꽃에 떨어진다

화롯불의 설

그 기다림 다 어디 갔나
그 기쁨 어디에 숨어 있고
세월이 버린 설 아직도 남아
시대의 건너편 허공에 그려진다

설 빔의 꿈 고드름에 매달아
추녀 끝 지붕 위 올려 보던 날
미루나무 위 까치 집 얼마나 높았나
밤 마다 화롯불에 설날의 꿈 묻었고

새신발 때때옷 떡국에 강냉이
친구집에 세배 가면 뻥튀기엿 얻었고
그 눈 위의 발자국 나의 것만 있었겠나
설날의 저녁연기 아쉬운 꿈 지웠었다

달력의 그늘

한 장에 설흔 날
뜯어 가는 하루 하루
어느 날이 돌아 올까
다 뜯어 넘기는 달
그 달도 그렇고
그 다음 달 미리 보면
근심만 가득 하다

지나온 그 많은 날
근심의 그 세월
그 시간도 오늘 처럼
이런 시간이 아니었나
돌아 보면 아무 것도
그 하루에 얽매였던 날
오늘 하루 이 시간의 그늘이었다

냉이의 꿈

이 겨울 흐지부지
절기에 묻어 넘고
며칠 있어 정월 그믐
봄바람 불어 올까

보리밭 파란히
아지랑이 가물대면
냇가의 버드나무
춤 띄워 춤 추겠지

돋아나는 새싹들
양지녘에 냉이 달래
바구니 든 아이들
어디로 달려 갈까

진달래 개나리
민들레꽃 피면
논 가운데 아이들
우렁이 잡겠지

봄

시드는 겨울
며칠 더 추울까
냇가의 물소리
얼음 녹이고
건너는 징검다리
고기 떼 모여든다

물에 어리는
늘어진 봄버들
냇둑 길 아이들
호들기 틀까
봄바람 살며시
냇물 소리 담는다

버드나무의 서러움

혼자만의 뒷산 길
저 멀리 내려 보노라면
버드나무 춤 띄웠고
파란 보리밭 바람에 나부꼈지

누가 나를 불러 줄까
함께 어울리지 못하고
바라보았던 친구들
가난이 가르치는 교훈이었나

멀어지는 친구들
그 아랫길로 돌아 설때
노래 소리 그 모습
나의 이 눈에서 멀어져 갔다

종달새의 일기

하늘 높이 더 높이
얼마를 더 오를까
그래도 미루나무 위
까치 둥지 보다 낮았고
올려 보는 우리들
그 눈 보다 높았다

내려 보면 빨래터 위
고기잡는 오빠들
보리밭 둑 돌뿌뎀이에
나물 케는 계집애들
논갈이에 이려 이려
워낭 소리 들리는 듯

종다리 이리 저리
무엇을 더 내려 볼까
참 이고 가는 엄마의 모습
울 넘어온 꽃구름
산 너머 멀어지고
불어 오는 봄바람
보리밭 스쳐간다

• 2부 •

기러기의 양지

그렇게 산 넘으면
그만인 것을
여기 이 자리에
다시 오기를 바랬나

지친 기다림도
뒤 좇는 구름도
저 기러기 따라가면
그만인 것을

냇가의 달

바라보는 서쪽 하늘
그 노을지워져
동산 위 바라보노라면
어느새 보름달
나뭇가지에 걸쳐 있고
달맞이의 동무들
하나 둘씩 모였었지

집에가면 등잔불
등잔불이 더 밝을까
달 안의 계수나무
옥토끼 선명하고
더 무엇이 보이나
동무와 찾았던 달

지금은 세월의 달
그 밝은 달 어디 갔나
내가 찾는 세월의 달
그 동무는 안 찾겠나
먼 시절 그 시간

얻은 나이에 엎어지고
동무의 얼굴 타향이 가린다

구름 인생

얼마를 살겠다고
이 세상에 나왔나
어디로 가겠다고
하루를 딛고

날마다 보는 하늘
쥘 것 없는 세상
저 구름 흘러가듯
어디로 가고 있나

돌아 보면 아무 것도
쓰디 쓴 세상
그 앞에 거짓 하며
어디로 가고 있나

정월의 양지

선달 그믐 그 끝도
정월의 초하루도
설날에 묻어 넘어
이리 쓸쓸히
지나야 하는지

눈은 녹었어도
아직은 추운 겨울
보이는 양지마다
겨우살이 얼굴드니
겨울 아닌 봄이아닌가

며칠 후 보름이면
더 따뜻 할 것 같은데
그 보름에 그믐이면
누가 찾을 냇가인가
광 안의 바구니에
거미줄 걸쳤는데

파도의 봄

나 태어나 자란 섬
내가 찾을 섬이
더 어디에 있겠나
이곳 저곳 보이는 섬
바다도 그렇고

봄이면 봄바람
바람은 안 그런가
그래도 한번쯤
찾아가고 싶었던 섬

그 곳도 이곳 처럼
개나리꽃 필 것이고
진달래는 안 피어날까
그리움 가득 담아
봄바람에 싣고 싶다

냇가의 봄

송사리의 양지녘
미나리 돋아나고
늘어진 버드나무
살짝이 춤 띄운다

모여드는 송사리 떼
홀가분한 버드나무의 춤
잎 매달면 즐거워
더 흥겨운 춤 띄울까

나오고 들어가는
냇가의 양지녘
봄바람에 잔물결
송사리 떼 즐겁다

보름달의 편지

친구야
어디에서 어떻게 사는지
세월의 끝자락 이 봄이 너를 찾는구나
우리 다녔던 곳 그곳도 가고 싶다 하고
그곳에 무엇이 있어 가고 싶다 하는지
너와 내가 가고 싶은 것 처럼
그 마음을 헤아리기라도 했을까
찾아 간다면 그곳도 많이 변했겠지

이제 와 그 세월에 무엇인들 안 변했겠니
놀던 곳 다녔던 곳 그 냇가의 물도 변했을 것이고
피어나는 꽃 한송이 그 꽃만이 안 변했을까
거울이 비춰 주는 이 나의 모습도 이런데
그려 보는 너와 나의 고향 잊을 수 없는 고향
너와 내가 안 다녔던 곳이 어디에 있겠니
어른들이 잘 못된 짓이라 할때
너와 나는 그 놀이마다 즐거웠었고

오늘도 그려 보는 저 달 안의 너와 나의 모습
그 계절 모두 들어 있고 뉩히던 보리밭도 들어 있어

넘는 보릿고개가 아니라 그 보릿고개도 들어 있고
이제와 그려지는 고향의 꽃 그 철새 울음
냇가에 발 담그며 잡던 다슬기도 고무신에 들어 있어
높이 구름 걸친 미루나무 위 까치 둥지는 안 그럴까
그리움이 그려 주는 너와 나의 먼 옛날 그 시절
오늘도 그날 찾아 저 보름달을 바라보고 있단다

그리움의 봄

냇둑 길 양지녘
새싹 돋아나고
얼음 녹인 징검다리
딛는 이 기다린다

산 넘는 조각구름
물에 어린 봄버들
누가 나와 함께
이 길을 동행 할까

민들레의 마음
허공에 흩어지고
돌아보는 냇둑 길
옛날 처럼 멀어진다

개나리의 고향

그리도 먼 고향
다녀 오고 싶은 고향
얼마를 꿈에 담고
가고 싶어었나

서운함에 굳힌 마음
나 길러온 고향
앞 냇가에 뒷동산
하늘 높았고

봄이면 개나리
뒷산 길 진달래
그 한 곳 또 하나
아랫 마을 봉숭아꽃

이제 찾아간들
누가 나를 안다 할까
나물케는 동생들
눈에서 아른 댄다

열나흘의 일기

엊그제가 초하루
내일이 그 열나흘
세월이 빠른건지
시간이 늙는건지
오곡밥에 산나물
그 추억의 밥솥이
기다리지 않나요

엿치기 제기차기
널뛰기 소원 빌기
산 꼭데기 봉화불
아이들 쥐불놀이
봉화불 치솟을때
벽에 걸린 쳇바퀴
마루에 놓았나요

떠나버린 그 옛날
다시 못올 그 시절
누구의 기억이고
그날을 누가 알까

외양간 누렁이 소
논 밭갈이 근심에
그 밤이 괴로웠다

보름달의 꿈

정월이라 보름날
그 추석달 안에는 동무들이 있었는데
이 보름달 어느 한 곳에는 소원이 들어 있다
누구의 소원인들 저 달 안에 안 들어 있을까
그저 어려서는 보름이려니
놀이에 가려져 무슨 소원이 들었겠나
많이 얻어 먹어 배부르면 그것으로

언제부터인가 그 많은 소원 빌기를
이제 그 소원도 세월에게 빼앗겼나
한 두가지 넣고 빌며 그 날을 기다리니
무엇이 이루어지고 안 이루어진다 할까
혼자만이 찾은 이곳 더 환한 보름달
죄 씻으며 보는 달 괴로움도 들어 있고
바라볼수록 더 높이 소원의 마음 부끄럽다

봄 양지

때 맞춤의 생명들
양지녘 파란히
어느 곳의 벌레인들
겨울 잠 안 깨겠나

이불 없는 겨울 잠
춥지 않았을까
피할 곳 없는 칼바람
눈 쌓여 덮혔던 날

이제 모두 떠나니
새봄이 아닌가
이 양지녘 따뜻 하니
그 꿈꾸는 봄 되고

봄바람에 산 넘는
저 조각 구름들
넘는 산 너머 보리밭
누구를 바라볼까

민들레의 추억

양지만이 아는 그 봄날이었던가
병아리 어미 닭 따라 나들이 하던 날
울타리 밑 그 양지녘 얼마나 따뜻 했나
병아리 어미 품에 잠들어 있었고

소꿉놀이에 사금팔이 모으는 아이들
코흘리게 더 많이 누구의 것이 예뻤던가
쏘는 수탉 눈치 보며 줍던 아이들
해가 기울도록 그 곳에서 놀았었지

보름달의 그림

마루 끝 환희
뜨락까지 비추는 달
계수나무 옥토끼
어디에 들어 있나

볼 수록 가까이
한 곳에 나 놀던 곳
내 동무 다 어디에
어디로 떠났나

지붕 위 넘는 달
흐려지는 그리움
그래도 그날은
오늘 같이 뚜렸 했다

어머니의 봄

굽어 흐르는 앞 냇가
친정 뒷산 그 진달래 아직 피겠지
이맘때의 이 빨래터
몇년째 드나드나
방망이로 두드리는 세월
얼마나 더 두드려야 하고

세월이 시려운지 손이 시려운지
그래도 여름은 시원 했는데
정월 끝무렵 담그는 손
눈물 나고 뼈저리다
친정 엄마의 길이 그랬듯이

찔레꽃 피고 보리 나부끼면
그때에는 이리 시렵지 않을것을
바람까지 불어 옷 속을 파고 드나
한약 다려 올린 어머니 약은 드셨는지
그때 큰 아이 기를 적에는 업을 띠 풀어
문고리에 매어놓고 다녔었는데

어머니 앓는 소리
그때 큰 아이 울음 소리 들려오는 듯
누구의 봄이 이 봄만이나 할까
어느새 해 기울어 저녁바람 들어 오고
빨래터 가리는 산 그림자
이 쥔 옥양목 빼앗아 하루를 덮는다

노을의 봄

앞 뒤의 높은 집
까치둥지 낮아졌고
바라보던 아지랑이
그 들녘도 지워졌다

구름 하나 그대로
초가의 양지 어디 갔나
향기 품은 봄바람
그 바람도 아니다

바구니에 그 냇가
다슬기도 떠났다
굴뚝의 저녁연기
그 연기는 안 그럴까

종달이 보리밭
맑은 시냇물
호미 든 이의 호미도
옛 호미가 아니다

보릿고개의 달

오늘의 이 봄이
어제의 봄을 기억 할까

어제의 봄 없이
오늘의 봄 없고
내일의 그 봄도
어제 없이 있을 수 없다

배부른 오늘이
허기의 어제를 알겠나

희망의 내일의 배
어제 없이 있을 수 없고
배부른 오늘의 배
그 내일 걱정 된다

고갯마루의 양지

가슴에 묻은 그날의 봄
그 봄날을 어찌 잊을까
세월도 그만큼 많이 흘렀것만
어제의 그 봄 지워지지 않는다

내려보는 보리밭 논갈이의 논
냇둑 멀리 늘어진 그 버드나무
그때 바위에 걸터 앉은 마음
쉼이 있어 그곳에 갔을까

그림으로 묻힐지 한숨에 가둘지
힘들면 오르던 그 고갯마루
보이던 곳 모두가 고향이 되던 날
그 내일이 오늘을 어디에 데려 왔나

이른 꽃 진달래 집 울 뒤 개나리
버드나무 춤 띄우던 날 보리 나부껴
그때에 굳힌 마음이 가둔 마음을 풀어 주었나
그 아무도 모를 마음 구름 따라 산 넘었다

동무의 꽃

동무야
가는거니
아주 가는거야
봄의 것은 오는데
너는 가는거야
가면 다 버리고 그렇게 가는거야

너와 내가 그린 그림
그 그림도 버리고
나 모르게 그린 그림
그 그림도 있겠지
네가 보는 나는 안 그렇겠니

그 그림 속에 기쁨만 있었을까
이 거치른 세상 그 잠깐인 것을
무엇이 즐거워 얼마를 웃었겠니
그 후 나도 그렇게 살었어
나도 너 처럼 그렇게 그렇게

동무야

이제 너의 그림 나 건네어 주고
모두 다 훌훌 털어버려
네 가슴 한 곳에 있는 것도 지우고
동무야 이것이 인생이고 삶이라더냐

먹고 살려고 너와 내가 달리 딛었던 길
누가 우리의 길을 알고 모를까
나의 길도 너의 길도 그렇게 걸었던 길을
흉도 있고 처지모르는
이웃의 비웃음도 있었겠지
세월은 알면서 시험에 가뒀고

너 떠났다는 소식 듣고 가슴 철렁
모두 우리의 것이 한순간이 되어야 하는거니
이제 다 홀가분히 털어버려 쥔 것 있으면 내려놓고
그 세월에게 다 속았어 단몽이었고

동무야 마지막 불러 보는 너의 이름
이제 이것으로 끝이 되는 거니
동무야 그날들을 어떻게 말로 다 할까

너 가는 별나라 그곳은 여기 처럼 이런 곳이 아니겠지
동무야 마지막 불러 보는 너의 이름
네 영정 앞 국화꽃에 우리의 그날 노을이 지는구나

외로운 하늘

하늘에 올린 마음
구름 따르지 않고
다음 구름에 얹어도
다시 남아 흩어진다

따르면 저 산 너머
장터 길의 내 고향
나 놀던 뒷동산
앞 냇가도 있고

진달래 개나리
조금 더 있으면
우리 울 뒤 복숭아꽃
숨어 캐던 돼지 감자

기와집 살구꽃
엄마의 찔레꽃
그 보리밭은 없을까
워낭 소리 들려오고

보리밭 나부껴
동무들 모은다
가고파라 내 고향
그 시절 그리워라

• 3부 •

봄 아이들

우리 아가 아장 아장
마루 끝에 매달리고
뜨락의 병아리
어미 따라 나들이 한다

먹을 것 찾는 아이들
오늘은 어디에 가
무엇을 뜯을까
냉이 뿌리는 그렇고

기와집 울 돼지감자
아니면 냇둑 찾아
그 찔레순 꺾을까
생각 많은 아이들

부엌에 들어가니
서운한 빈 그릇뿐
찬장 문 열어
짠지쪽 입에 문다

진달래의 고향

그 해의 꽃동산
다랑이논 기슭
밭둑 언저리

산마다 여기 저기
안 피었던 곳이
어디에 있었나

수놓은 진달래의
그 한철인가
나물 캐는 누나의
바구니에도 피었고

우리들의 진달래
누가 많이 더 많이
한아름의 진달래
맞 대어보는 서로의 웃음
누구의 꽃이 더 예뻤나

한 줌 뜯어 입에 넣고

또 한 줌에 즐거웠고
나머지는 모두 모아
볍씨 항아리에 꾲았다

노을의 언덕

나만의 노을
그날의 노을
가슴 속 그 노을을
어찌 잊을까

검둥개와 바라보던
외로움의 그 노을
보릿고개의 뒷산 언덕
그 노을이 지워질까

아련한 그리움에
멀어지는 기억들
먼 옛날 먼 훗날
오늘도 물든다

그 해의 봄

냇가의 징검다리 양지녘 잃고
저녁 무렵의 버들강아지 바람에 춥다
삽 씻어 둘러맨 우리 아버지
노루 꼬리 그림자에 저무는 하루인가

오늘은 그렇고 얼마를 더 저물어야
저 노루 꼬리 농사의 가을이 될까
눈에 밟히는 식구에 걱정 되는 어머니
바라보는 저녁연기 이제 집에 가야 하나

해 떨어진 저물녘 서산에 노을 지고
둘러보는 보리밭 저 밭이 여름 될까
논 농사의 가을은 어떻게 되려는지
아버지의 징검다리 내일이 무겁다

고향의 계절

고향의 하루 한 달
계절을 그렇게
느낌으로 짚던 고향
흙 벽의 누런 달력
언제 그리 볼새 있었나

앞 냇가 뒷동산
보이는 하늘
구름도 봄 다르고
여름 다르다

제비 찾는 봄 하늘
그 아카시아꽃 필 무렵
뽕밭 위 뻐꾹새 울었고
뜸북새 울 무렵
뭉게 구름 산 넘었다

덥다 하는 삼복 더위
원두막은 안 그런가
장마에 비 바람

더운 여름 식히더니

그 잠깐 찬 바람
언제 더웠더냐
코스모스의 하늘 높아라
메뚜기의 하늘
새털 구름 수놓았고

들녘의 그 한철이
어디 그리 길었을까
찬 서리의 기러기
어디로 날아 갔나

물드는 앞산 단풍
그새 떨어져 쌓이더니
며칠 지나 칼바람이 문풍지 울렸고
그 바람 잦아 눈 소복이 쌓인 밤
고목의 부엉이도 밤새워 울었다

선창의 봄

선창 언저리의 진달래
주막집 울 개나리
소금 배 오는 시간
오늘 여기 들리려나

작년의 그 고깃 배
아직 소식 없고
주막집의 기다림
하루가 멀다

봄 그림

오늘의 이 봄이
그 옛날만이나 하겠나
하늘의 구름도
봄 내음의 그 향기도

꽃도 못 보았던
이웃나라 꽃
이름 부르기 어설퍼
누가 들을까 부끄럽다

들녘은 안 그럴까
보리밭 우렁이의 논
병드는 버드나무까지
고향 떠난 송사리
종다리 다슬기 다 어디 갔나

봄바람에 여며지는
뒷동산의 진달래
울 밑의 그 개나리
소꿉놀이 아이들도
병아리 따라 그 봄을 잃었다

아가의 뜰

우리 아가 아장 아장
어디 가시나

한 걸음에 넘어지고
두 걸음에 주저앉고

흙 한 줌 쥐어
우물둥치 찾는다

우리 아가 아장 아장
어디 가시나

틈어진 가랭이에
봄바람 스며들고

민들레꽃 찾아
샛대문 밖 나선다

일기장의 봄

누가 그 때를 얼마나 알겠나
그 시절의 그날을 얼마나 보았고
본 것이 아니라 겪은 이의 흰 머리
그 흰 머리 하얗듯 그날도 하야지고
뼈 저린 기억마저 세월에 묻혀 간다

누가 아는 그 시절 그 때이던가
양지녘에 하얀 그 하얀 민들레
음지어도 피어난 하얀 꽃의 민들레
밥상 위에 놓여도 반찬이 아니었고
아이들 모르는 쓴 세월의 무침이었다

논으로 밭으로 아이들은 냇가로
시간 잃고 때 놓칠까 씨앗 넣던 날
봄바람에 추워도 그 민들레 춥지 않았고
산자락의 진달래 그 진달래도 춥지 않았다
보릿고개의 봄바람 그 봄바람만이 추워었다

은하수의 노을

그 사랑 어디에
그 사람 어디에

옛날도 오늘도
기억 속에 잠들고
어렴풋한 이름 하나
그 아름다운 날 찾는다

이런 기억 저런 기억
아련한 그날들

나만이 숨어온 날
그 사랑도 숨었을까
흑백 사진 속 뒷 모습
여운의 얼굴 그려본다

봄배

순풍 맞이의 황포돛대
어느 섬 찾아가나
봄바람의 잔물결
소금배 밀어 주고
밀물의 낮은 파도
고깃배 모은다

만선의 고깃배
순풍의 은혜일까
한 배 가득 썰물이면
갯벌 드러날 것이고
다음은 굴바구니의
물때 찾는시간

들어온 고깃배
이리 저리 흔들고
멀어진 소금배
섬 그늘 거둬간다

고향의 흙

버리고 잊혀진 고향의 흙
우리의 양식을 어서 거둬들였나
추운 겨울 그날을 어떻게 지냈고
오막살이 아니어도 큰 초가에 기와집
토담에 넓은 마당 부엌은 안 그런가
따뜻한 아랫목에 벽의 흙도 그렇고

어느 흙이든 버릴 흙 없던 고향
나뒹구는 돌멩이 하나 다 쓸모있지 않았나
산의 붉은 흙 퍼다 방구들 그 벽에 붙였고
기와 잇는 그 많은 흙도 그렇게 쓰였다
앞 논의 진흙 퍼다 부뚜막 발랐고
두엄 넣어 만들어 놓은 그 옥토의 들녘

늘어난 입에 먹을 것 많은 이 오늘
집을 지어도 흙 한 줌 없이 짓는 집들
먹을 것에 짓는 집이 오늘 처럼 영원 할까
파헤쳐 버리고 그 곳에 짓는 집들
쌀 한 줌 나올 곳에 무엇을 심고 바라보나
천만 갈래의 검은 길 그 길 밑에 어느 흙이 깔려 있고

흐르는 냇물이 거품 물고 흐른다
샘물 없는 물 한 모금 그 물 한 모금이 영원 할까
알 수 없는 세상 밤 낮으로 그 느낌이 다르지 않던가
육지의 흙 퍼다 메워 놓은 그곳 그 흙에 무엇이 놓여 있던가
우리의 소중한 땅 그 옛집에 양식을 얻었던 생명의 그 흙
버려지고 묻힌 조상의 흙이 우리들의 그 입을 날마다 바라본다

인생의 역

멀 것 같은 인생
돌아보면 아니고
아니어서 다시 보면
그 인생 멀다

마음이 먼 것인가
느낌이 짧은 건가
내릴 역 많던 인생
얼마 남은 종점인가

내리지 못한 역
손가락에 접히고
달리는 인생 열차
그 기적 늘어진다

목련꽃의 기억

그 시절에는 목련이 없었다
라일락도 그리 흔치 않았고
울타리의 개나리 개복숭아꽃
산 자락마다의 진달래
그꽃 밖에 더 있었나

있다 해도 몇 번을 보았나
장터 가는 기와집 담 안
그 목련이 어찌나 신기 했던지
어려서 보았어도 발목을 잡았지
저런 꽃도 있었나 눈 떼지 못 했고

라일락은 친구 누나의 꽃
친구네 놀러 갔다 그 향내음 맡았고
송이 송이 제비꽃 길가의 민들레
눈길 준 커다란 목련이었던가
그래도 나만의 그 고향 꽃이 눈에 어린다

봄 동산

이 많은 나뭇가지들
보기에는 겨울 같이
그대로인 것 같은데
가만히 들여다 보면
트인 움마다 커간다

하루가 다른 이 움들
언제 커다란히
푸른 동산 만들까
절기의 진달래
탐스런히 아름답고

쌓인 낙엽 들추니
그 속에도 파랗다
비탈의 양지녘
작은 꽃 피어 있고
바위 밑의 니끼풀

이 니끼풀도 봄일까
군데 군데 파란히

아래 쪽에 띠 둘렀고
계곡에 흐르는 물
그 추운 겨울 밀어 낸다

하늘길

안 보이는 하늘길
누구의 길이 저 길이고
땅 위의 이 거미줄은
누구의 길인가

넘을 산 많고
갈래길 많은 땅
오늘도 밤이 있고
낮이 있었다

서산의 봄

겨울 같은 아침
깔린 성에 서릿발 하얗니
두꺼운 옷 입어야 하나
몇 시간 참으면 되는 것인데
그 몇 시간이 그리 긴 것 같은지
일터 찾아 가는 길 오늘도 춥다

그 옛날 들녘은 안 그랬었나
종이 얼음 거둬낸 적도 있었는데
바람이라도 불면 마음까지 추웠고
으스라니 부는 바람 왜 그리 쓸쓸 했던지
마음이 추워 그런가 몸이 추워 그랬던 건가
피는 꽃도 그 시간이면 추웠을텐데

봄 양지 그 잠깐 해 기울어지면
몸도 마음도 그 하루가 지웠으니
허기에 바람까지 얼마나 쓸쓸 했었나
해 떨어지는 서쪽 하늘 더 붉어지고
오늘도 어제도 그날 같은 저녁바람
그 옛날이 부르는 듯 다시 눈에 스쳐간다

임종

무엇 위한 삶이였고
누구 위한 끝이었나

시작과 끝 울린
고드름에 속은 세월
내 벗은 그 허물에
그리도 슬프더냐

이제 그만 거두거라
보고 담은 소리
나도 지울 것이니
너희도 그 정 끊으려므나

민들레의 노을

저녁바람 해 밀어내나
버드나무의 춤 쓸쓸히
넘는 해 바라보고
하루 접는 민들레
내일이 멀다

성냥의 봄

봄 저녁 해 넘으니
집안 모두가 어둡고
부엌부터 밝힐 등불
성냥이 안 보인다

이리 저리 찾는 성냥
어디에 놓았을까
늦은 일에 들어온 집
쓸쓸하기 짝이 없고

놓았던 자리 더듬어
겨우 찾아 불 밝힌다
그 각성냥 통성냥들
무엇으로 바꾼 건가

닭에게 미안한 저녁
불 밝히니 훤한 집
저녁 굶은 알 낳는 닭
서운하니 잠든다

• 4부 •

누에의 밤

세월은 누에의 그날을
알려 주지 않았습니다
그렇다고 그날이 보이는 것도 아니고요

몇 잠에 그 끝을 배웠나
낮이 있는 것도 몇 며칠
그저 먹는 뽕잎만 바라보고 살았습니다

그러다 그 어느 날인가
뿌려진 뽕잎이 싫었고
섶이라 하는 잠자리만 보게 되었습니다

끝은 다 그런 것인가요
시간은 입 막아 놓고요
명주실만 아는 그날 그 시간이었겠지요

냉이의 하늘

뜸북새의 고향이 언제 될까
푸서리 없어 좋기는한데
드러난 논 바닥 모두
왠지 모르게 쓸쓸하다

길가에 민들레 냉이 제비꽃
그 보리밭 산자락은
이제 잃어버린것일까
하늘도 뿌연히
옛 하늘이 아니다

냇물은 안 그럴까
봇물 도랑 다 없어졌고
버드나무만이 그 옛춤
봄바람에 멋쩍다

젖먹이

아가야
울지마라
네 울음에 섞인 봄
이 에미 눈물난다
팔자에 없다더니
이것이 팔자더냐

뜨락에
피는 저 꽃
열흘의 두 번이
이 내 팔자더냐
애야 울지마라
이 에미 눈물난다

안개의 고향

높지 않은 산이 것만
올라가 내려보노라면
많지 않던 몇몇집의 마을
저 동네가 우리 동네였었나

냇가의 옛 버드나무
굽어 흐르는 그 냇가가
어머니의 빨래터였고
봇도랑 마다 송사리 놀던 곳

그 봇물 위의 보리밭
다슬기 줍던 냇가였고
해 기울어 바람 불면
멍에 벗긴 소의 하루였었지

개나리 진달래 다음
아카시아꽃 날리면
뻐꾸기 찾아 와 울었고
나 어릴 적 고향 보고 싶어라

운명의 봄

작년 봄날
벌써 그 봄날이 되었나
하긴 제비가 온다 하는
삼월 삼짇날이
며칠이나 남았다고
이맘때면 그 업둥이 아이 에미
그 에미가 들릴 것인데

늘 우리집에 들려 점심도 같이 먹고
내 늙은 친정에 이 동네 저 동네 소식
그렇게 잘 들려 주었던 아이 에미인데
내 푸념도 잘 들어 주었고
방물 보따리 천리 길
그 아이 업고 어떻게 다 다니나
이번에 들리면 몇 번 생각 했던
어려운 이야기 한 번 해야겠구나

사람 사는거 인생 별것 있나
밥 먹고 편안 하면 그것이 인생이지
다 묻어 두고 버리면 편안 할 것인데

없는 팔자 만들어 가며 그 고생을 하나
나 같은 사람 인연 맺어 편안이 살면 되지
내 이번에 들리면 꼭 붙들어
저 작은 놈이나 짝 지어 주자
영감은 없어도 보릿고개 없는 보리밭 있고
저 앞산 자락에 논 마지기나 있으면 됐지 뭐

업둥이 아이는 내가 우리 집에서 기를 것이고
학교는 보내 뭐하나
무슨 큰 벼슬을 한다고
밥 먹고 살면 되는 것이지
이 다음에 지가 자라 깨우치면 모를까
업둥이 에미나 이 내 팔자나 다 같은 팔자
우리 작은 놈이 글은 몰라도
에미 보다 저한테 잘 해 줄 것인데

아이도 자라면 으붓 에비일망정
논 밭일 배워 일궈 가며 살면 되고
사람의 팔자라 하니 팔자가 그렇다면
누가 그 팔자를 피해 갈 수 있겠나

따르는 운명도 그 팔자 따라 갈 것인데
저 구름도 어디서 오고 어디로 흘러 가는지
사람의 팔자와 무엇이 다를까

오늘 따라 보이는 먼 산
몇번 내다 보는 문 밖에 저 꽃들
그 에미도 먼 발치에 보이는 것 같은데
아무도 보이질 않네 뒷산 길에 앉아 쉬나
이맘때쯤이면 들려 가는데
도통 요즘 들리질 않으니
무슨 일이 생겼나 어디가 아픈가
오늘도 저문 하루 내일 또 기다려야 하나

방랑의 봄

그 세월의 가르침
저기도 아니다
세상이 버린 몸
누가 나를 반겨 줄까

넘는 산등성이 마다
비둘기 우는 소리
해 저무니 집 찾느라
그리 울어 댔나

저무는 보리밭
그림자 거둬들고
허기에 기댈 집
저녁연기 끊어진다

울타리의 꿈

개나리 민들레
다 같은 노란꽃
병아리도 그 한몫
노랗지 않았나

비라도 찔끔하면
어미 품의 병아리들
꽃 접은 민들레
개나리 올려보고

개나리 꽃 접는 듯
내리는 비 앉히는 울
언제 볕이들까
양지녘 기다린다

미나리의 양지

이 맑은 물의 끝
그 끝은 내년 이맘때이고
개울 둑 따라 오르는 길
이 둑의 끝은 오늘 저녁이다

이리 저리 둘러보며
오르는 개울 둑
작년에 뜯어 담던
그 미나리가 될까

저기 저 곳 파릇 파릇
여기에도 돋았고
그 곳에 가면은
더 많은 곳이 보일지

뜯어 담는 바구니 안
손 마디의 미나리
열흘 넘어 보름이면
얼마나 더 자랄까

멀리 보리밭
하늘의 흰 구름
다시 찾을 내년이 될지
큰 고모의 표정에 걱정이 된다

소라의 봄

순풍의 봄 바다
파도소리 처량 하고
고향 섬 이웃 섬
소라의 꿈 모은다

육지에서 바라보던
목선의 먼 뱃길
저 뱃길이 멀었던
그 뱃길이었나

바람에 배 못 띄워
쉬어야 했던 날
포구의 밤 바다
그 파도만 철썩인다

보리밥

고향의 보리밥
나 어릴 적 이맘때면
보리밥이 끼니었다

맛으로 먹었겠나
배부르라 먹었나

장리 쌀의 쌀밥은
초겨울의 것이고

나머지 끼니는
싫은 보리밥이었다
조밥도 그랬었고

누가 아는 시절의
그 배고픔일까
보리밥도 모자라
보리 패기를 기다렸다

봄 상여

아이들아 이 나의 봄이
그 봄이었니
몇 번의 봄이
이 눈에서 지워질까

찔레꽃도 모르는
마지막의 봄
다음의 봄도
그런 봄날이 될까

아이들아 잘 살거라
그 봄에 이 봄 모두
내 거둬 갈 것이니
먹던 냉수 그릇 버리고

상여에 매달린 정
그 정도 끊으려므나
꿈에 보이면
네 아이 한 번 더 보고

애야 이제 마지막이니
멀다 하는 북망산천
그 찔레꽃 한 번 못 보고
이렇게 가는구나

구름의 언덕

늘 다녔던
그날의 곳
소 몰고 다닌
힘들었던 곳
소만 몰고 다녔었나

낮은 언덕
올라 보면
진달래 지고
보이는 들녘
많이 외로웠었지

누가 아는
그 봄일까
그 봄바람의
파란 보리밭
저문 하루였었는데

민들레의 봄

초봄의 진달래 개나리꽃 지고
실버들 춤추느라 바람에 즐겁다
때 맞춤의 봄바람 아직은 추운 봄
한낮은 그런대로 따뜻하여 좋은데
아침 저녁으로 서늘히 밤에는 춥다

그날 그랬듯이 그 옛날그랬듯이
꽃이 피면 피나보다 안 보였던 날
그런 봄이 언제였냐 그렇게까지는 아닌데
그래도 그날들이 옷 속으로 스며들고
찬 물에 담근 발 그 옛날을 잃는다

언제 보았던 그날들의 그 꽃들인가
보릿고개에 피던 그 꽃들이 옛날을 잊을까
지금의 봄이어도 옛날 아닌 봄 없고
바람도 그 바람 버드나무가 모를까
양지녘의 민들레꽃 그 시절을 그린다

라일락의 기억

나만의 이 길에
또 하나의 길
둘만의 그 옛길
다시 걷는다

미움의 그 옛길
약속의 그 옛길
숙스럽던 속삭임
더 부끄럽고

벚꽃에 민들레
그 다음 라일락
그 향기만큼이나
추억도 향기롭다

이름의 뜰

속이는 그 세월
이 짧은 인생
봄에서 여름
그리고 가을
추워야 하는
겨울도 놓여 있다

추우면 마지막
이 내년 봄이
다시 오겠나
떨어질 낙엽
그 무엇과 다를까

지붕 끝 그림자
비켜 서면은
세월도 함께
그렇게 될까
뜨락의 하루
그 내일이 짧구나

생명의 숲

처음을 알리는 생명의 숲
뜨거운 여름은 그렇게
가을은 왜 그리 마음부터 쓸쓸한지
그 아름다운 단풍이 며칠이 될까
추운 바람 더 춥게 눈 몰아 쌓아놓고
골짜기의 물 소리 얼음 속에 숨기니

순리에 순서라 너무 가혹하지 않은가
그래도 생명들은 그 순리에 따르고
다음을 기다리며 겨울잠에 꿈 묻었다
끝 맺음에 울긋 불긋 시간 놓친 초목들
그나마 그 나뭇잎 어떻게 됐나
눈 하얀이 몇날 며칠 얼마나 추웠고

바람도 그 한 몫 소나무 울리니
봄 가을로 나오고 들어간 끝
다음이 있건 없건 알고 있었는지
노루 토끼의 그 양지가 며칠이더냐
순리에 봄 맞이 꽃 피고 새 우니
생명의 숲 그 만물들 내일이 멀구나

독도의 봄

독도라
외로운 섬
울릉 이백리
더 지나면 일본 땅
어디까지 일본인가

남과 북
함께 가자
뱃길 이백리
남과 북 민족의 땅
우리 지금 무엇 하나

파란 하늘

이곳의 여기에서 되돌아 보는 길
처음의 그 많은 꿈 다 어디 갔나
한 달 딛어 다음이 있고
그 먼 훗날에 내일이 있던 날
머리 위 하늘 한 번 제대로 못 올려 보았고
밤이면 고된 잠에 밤하늘도 못 보았다
꿈 얻느라 속은 세월 그래서 얻었나

밤 낮을 바꿔가며 그 꿈 얻기 위한 삶
몇 번의 하늘을 얼마나 올려 보았겠나
욕심 앞세워 딛은 길 거칠기도 거칠었고
이웃 눈치 비교에 더욱더 힘들었다
이제야 보이는 꽃 처음 처럼 그 예쁜 날
시간도 접어가는 손가락 안 그 시간일까
올려 보는 파란 하늘 그날 보다 더 높다

제부도

여기가 나 자란
그 제부도였나
서신면 제부리
지금은 제부도

밀물 갈라놓은
거룩한 매바위
다시 찾아가면
그날이 부를까

얻을 것 많은 섬
내 고향 제부도
어머니의 노을
더 붉게 물든다

고독의 뜰

며칠의 향기로
이 뜰의 꽃이 될까

그렇게 피었다
지고 마는 것을